Bereits vor tausenden von Jahren schmückten die Menschen ihre Gesichter aus den unterschiedlichsten Beweggründen heraus. Die Gesichtsbemalung hat demnach eine lange Tradition. Heutzutage schminken wir unsere Gesichter nur noch zu bestimmten Anlässen wie Fasching oder Halloween. Aber nach wie vor ganz besonders fasziniert von Schminkgesichtern sind unsere Kinder, die in eine andere Rolle schlüpfen und einfach einmal ihr Lieblingstier oder ihr Lieblingsheld sein können.

In diesem Buch haben wir uns herrliche, erfrischende, neue Masken und Ideen von ganz leicht bis aufwendig einfallen lassen. Vielleicht sieht für Sie manch eine Maske so aus, als könnten Sie es nie schaffen, diese nachzuschminken. Aber glauben Sie mir, aufgrund der zahlreichen Gesichtsmalkurse, die ich schon gegeben habe – Sie werden das schaffen. Schauen Sie sich die Masken einfach ganz genau an, und Sie werden erkennen, dass jeder einzelne Teilbereich der Masken ganz einfach nachzumalen ist.

Ich wünsche Ihnen und Ihren Models viel Freude und einen lustigen Pinselstrich

Ihre

B. Herfelder

Wenn Sie die Konturen mit dunkleren Farben nachziehen, verleihen Sie der Maske viel mehr Tiefe.

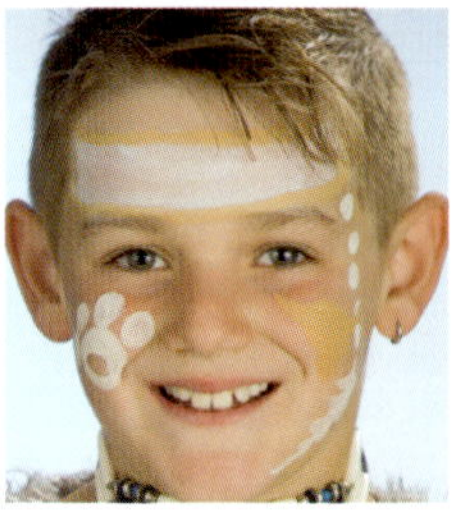

Furchtloser Indianerhäuptling

Herr der Prärie

MATERIAL

* wasserlösliche Schminkfarben in Rot, Hellblau, Hell- und Dunkelbraun, Weiß und Schwarz

1 Grundieren Sie zuerst mit einem feinporigen Schwämmchen in Weiß das Stirnband. Malen Sie mit einem Pinsel in Weiß die Pfote, die großen Perlen und die Feder auf. Tragen Sie mit einem Pinsel in Hellbraun die Grundfläche für den Tierschädel und die Konturen des Stirnbandes auf.

2 Tupfen Sie anschließend mit einem stumpfen Pinsel in Rot, Hellblau und Dunkelbraun auf dem Stirnband die Perlen auf. Malen Sie in Dunkelbraun Schattierungen in die Pfote und den Schädel und ergänzen Sie einen Adler in Brauntönen und Rot auf dem Stirnband.

3 Legen Sie mit hellblauer Farbe kleine Schattierungen in den großen weißen Perlen an. Nun werden die Akzente in Schwarz gesetzt: Umranden Sie alle Perlen, aber schließen Sie den Kreis nie vollständig. Umranden Sie ebenso die Pfote, den Schädel und die Feder.

Mein Tipp für Sie

Oberarm gestalten Cool sieht natürlich auch aufgemalter Schmuck auf dem Arm aus. Wiederholen Sie ganz einfach die Bemalung der Stirn auch auf dem Oberarm.

Dieser Werwolf ist im Grunde nicht schwer nachzumalen, da man einfach wild drauflostupfen und wischen kann. Je wilder, desto besser.

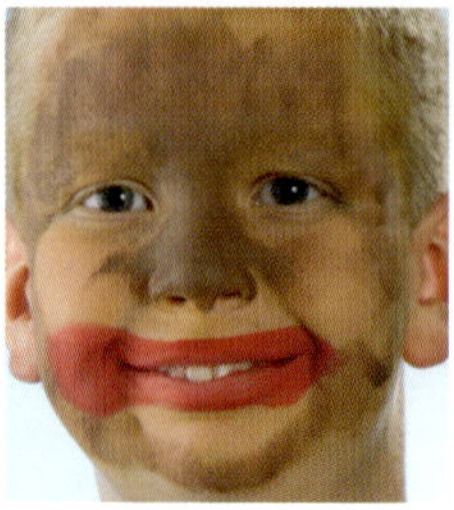

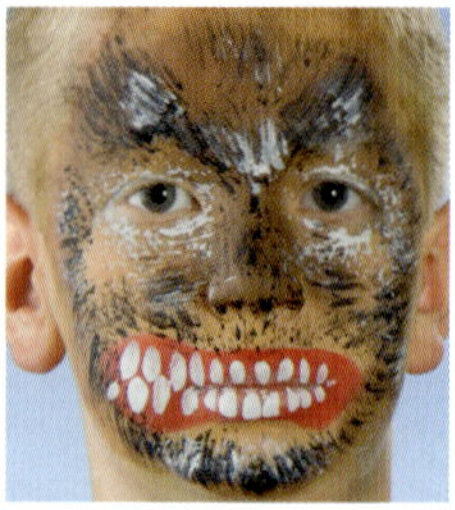

Gruseliger Werwolf

Achtung in Vollmondnächten

MATERIAL

* wasserlösliche Schminkfarben in Hell- und Dunkelbraun, Orange, Rot, Grau, Weiß und Schwarz

1 Grundieren Sie mit einem Schwämmchen das komplette Gesicht in Hellbraun. Streichen Sie mit dem gleichen Schwämmchen in Dunkelbraun unregelmäßig über die Grundierung, dabei bleiben die Wangen und die untere Kinnpartie frei.

2 Malen Sie mit einem Pinsel einen großen roten Mund, der gerne etwas schief sein darf. Die Fellstruktur bekommen Sie, indem Sie mit einem Strukturschwämmchen in Dunkelbraun, Schwarz und Weiß von innen nach außen streichen. Über den Augenbrauen darf dies dichter sein.

3 Malen Sie nun mit einem weißen Pinsel die schrecklichen Zähne des Werwolfs und umranden Sie den Mund mit Schwarz. Auch die Nase wird in Schwarz gemalt, ebenso die Barthaare und die Brauen.

4 Die schwarzen Striche auf der Nase und die Umrandung unter den Augen geben dem Werwolf ein besonders böses Aussehen. Jetzt kann es Vollmond werden.

Mein Tipp für Sie

Alternative zu Strukturschwämmchen Sollten Sie kein Strukturschwämmchen zur Hand haben, nehmen Sie einfach die Kante eines groben Schwamms mit wenig Farbe und tupfen Sie sie auf.

Für diese Maske brauchen Sie eine ruhige Hand, um die Linien des Spinnennetzes einigermaßen gleichmäßig aufmalen zu können. Auch sollten Sie etwas geübter im Umgang mit dem Pinsel sein.

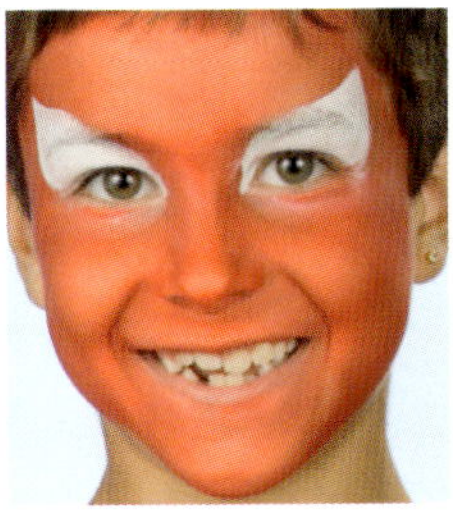

Hier kommt der Spinnenmann

Bösewichte aufgepasst!

MATERIAL

* wasserlösliche Schminkfarben in Rot, Weiß und Schwarz
* Hologrammglitzer

1 Grundieren Sie mit einem feinporigen Schwämmchen das Gesicht in Rot. Lassen Sie hierbei die Partie um die Augen frei, diese wie abgebildet mit einem Pinsel in Weiß anmalen.

2 Malen Sie mit einem dünnen, spitzen Pinsel das Netz der Spinne. Beginnen Sie auf der Nasenspitze mit den langen Linien und ziehen Sie diese nach außen. Verbinden Sie das Netz mit kurzen, leicht geschwungenen Linien.

3 Umranden Sie nun die weiße Augenpartie mit einer schwarzen Kontur. Malen Sie die Spinne auf die Nase und färben Sie die Lippen ebenfalls schwarz. Etwas Glitzer hier und da aufgetragen schadet dem Spinnenmann nicht.

Mein Tipp für Sie

Anatomie einer Spinne Eine Spinne hat immer acht Beine, einen dicken Körper und einen kleinen Kopf.

Diese Maske ist schnell und leicht gemacht.

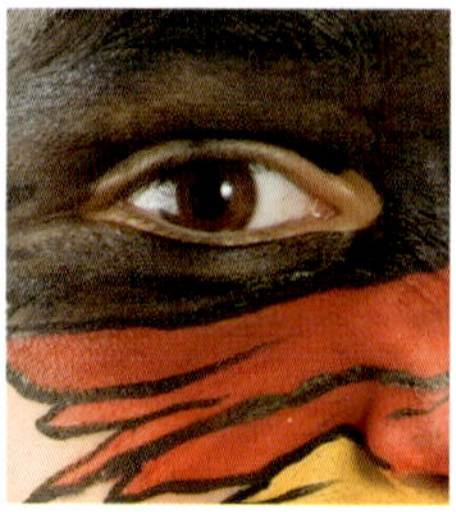

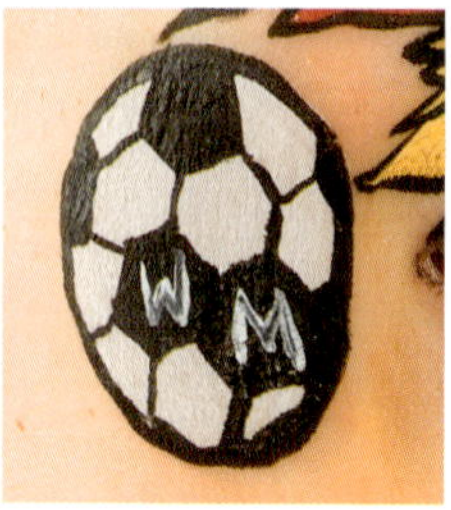

Jubelnder Fußballfan

Tooor, Tooor, Tooor!

MATERIAL

* wasserlösliche Schminkfarben in Rot, Gelb, Weiß und Schwarz

1 Grundieren Sie zuerst mit einem feinporigen Schwämmchen in Gelb, Rot und Schwarz die einzelnen Flaggenfelder. Die Felder an den Seiten unregelmäßig gezackt enden lassen. Wenn die Grundierung getrocknet ist, umranden Sie mit einem spitzen schwarzen Pinselstrich die Flagge, sodass die Kanten sauber angelegt sind.

2 Mit einem Pinsel die weiße Grundierung des Balls auf die Wange malen. Zum Schluss die kleinen Waben und die Buchstaben W und M auf den Ball malen. Jetzt kann die nächste WM kommen!

Diese Maske eignet sich perfekt für Anfänger zum Üben.

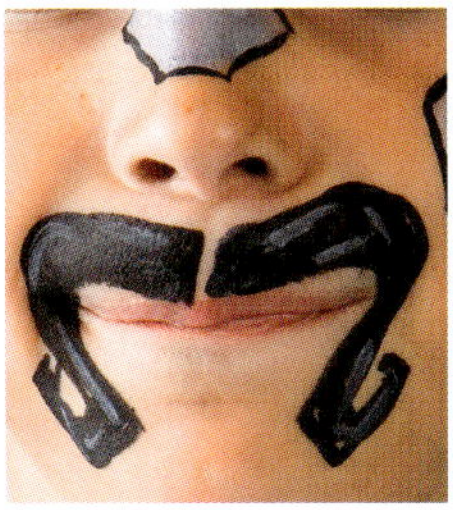

Tapferer Ritter

der Tafelrunde

MATERIAL

* wasserlösliche Schminkfarben in Silber und Schwarz

1 Legen Sie mit einem feinporigen Schwämmchen die silberfarbene Grundierung für den Helm an. Mit dem gleichen Schwämmchen nehmen Sie Schwarz auf und schattieren damit ganz leicht die Wangen.

2 Mit einem schwarzen Pinselstrich malen Sie die Ritterlilie auf die Stirn und umranden den Helm. Malen Sie außerdem den schwarzen Bart in kantiger Form auf. Achten Sie darauf, dass man die Pinselstriche sieht, sonst ist es nur ein schwarzer Balken. Arbeiten Sie mit etwas Grau auf dem Pinsel noch kleine Strukturen hinein, und schon kann der Ritter zur Tafelrunde.

Malen Sie grundsätzlich zuerst die komplette Grundierung auf, und machen Sie sich dann erst an die Feinheiten.

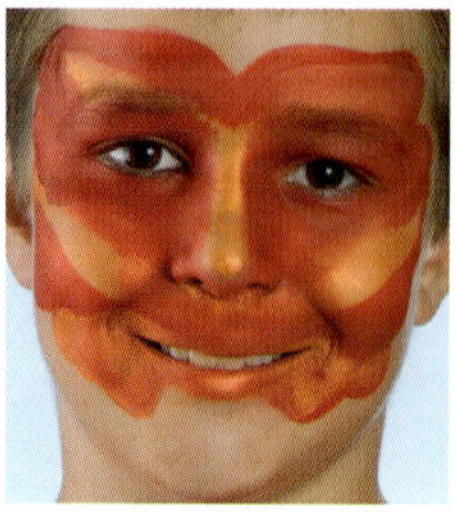

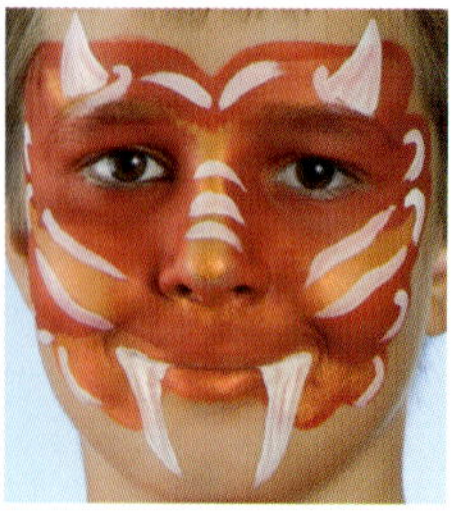

Monsterstarker Auftritt

das beeindruckt jeden

MATERIAL

* wasserlösliche Schminkfarben in Rot, Orange, Weiß und Schwarz

1 Grundieren Sie das Gesicht unseres Monsters wie abgebildet mit einem Schwämmchen in Orange und Rot. Beginnen Sie mit Orange, dann erst folgt Rot. Lassen Sie die Grundierung antrocknen.

2 Nun mit einem Pinsel in Weiß die Hörner und die Zähne malen. Die weißen Bögen auf den Wangen und der Nase setzen die Maske ins rechte Licht.

3 Mit schwarzem Pinselstrich die Kontur um die Maske, die Hörner, die Nasenflecken, die weißen Bögen und die Zähne malen. Jetzt fehlen nur noch die Falten und die Kontur um die Lippe, die ebenfalls mit einem schwarzen Pinselstrich gezogen wird. Setzen Sie zum Schluss noch schwarze Spitzen auf die Stirn, die Sie mit einem quer aufgelegten Pinsel tupfen.

Mein Tipp für Sie

Farbvariationen Die Monstermaske sieht auch richtig gut in den Farben Grün und Blau oder Blau und Gelb aus.

Wer Augen nicht besonders gut malen kann, hat hier die Gelegenheit zu üben.

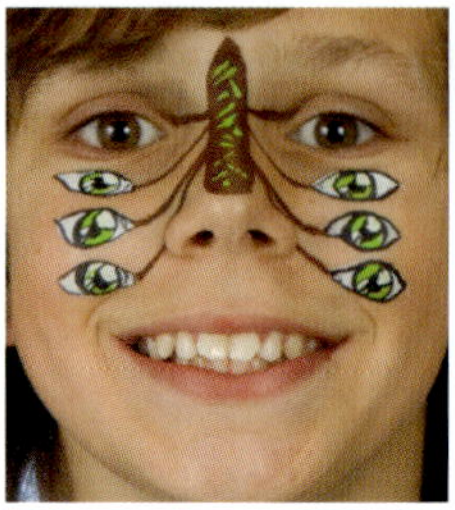

John, der Pirat

entert jedes Schiff

MATERIAL

* wasserlösliche Schminkfarben in Braun, Hellgrün, Hellblau, Rot, Weiß und Schwarz

1 Füllen Sie mit weißer Farbe das Augenlid aus. Grundieren Sie ebenso die Augen auf den Wangen in Weiß. Mit einem dünnen Pinsel die hellgrüne Iris auf alle Augen malen. Dabei immer kleine weiße Punkte frei lassen.

2 Mit einem Pinsel und brauner Farbe wird der Nasenrücken grundiert und oberhalb davon der große Punkt gesetzt. Malen Sie nun die braunen Verzweigungen vom Nasenrücken zu den Augen. Grüne Striche auf dem Nasenrücken beleben die Maske zusätzlich.

3 Nun die aufgemalten Augen mit einem schwarzen Pinselstrich umranden. Setzen Sie jetzt noch einmal kleine weiße Punkte in die Iris und einen schwarzen Punkt für die Pupille.

4 Malen Sie mit einem Pinsel den Bart und die Augenbrauen in Braun. Mit demselben Pinsel mit Schwarz und Weiß in die Brauen und den Bart einzelne Härchen malen. Danach werden die hellblauen Perlen aufgemalt und kleine weiße Lichtpunkte hineingesetzt. Schwarz umrandet bekommt der Bart den nötigen Halt.

5 Malen Sie mit einem dicken Pinsel das rote Tuch auf die Stirn und geben Sie ihm mit feinen schwarzen Pinselstrichen eine leichte Struktur.

Mein Tipp für Sie

Augen zu Bitten Sie das Kind während der Arbeit an den Augen diese geschlossen zu halten. Reden Sie mit ihm, so lange Sie an den Augen malen. Bei kleineren Jungen können Sie auch die Augen auf den Augenlidern weglassen und nur etwas mit einem Schwämmchen in Dunkelbraun grundieren.

Bei diesen Schritt-für-Schritt-Bildern dürften Sie eigentlich ohne Probleme ans Ziel kommen.

Hund Husky

liebt Eis und Schnee

MATERIAL

* wasserlösliche Schminkfarben in Rosa, Grau, Blau, Weiß und Schwarz

1 Der Husky wird zuerst mit einem feinporigen Schwämmchen weiß grundiert. Tragen Sie die Farbe mit kurzen Wischbewegungen von der Nase aus auf, um eine Fellstruktur zu erzeugen. Der Bereich um die Augen bleibt frei.

2 Die Kontur des Husky mit schwarzer Farbe umranden. Mit einer Schwammkante entlang des Wangenbereiches von außen nach innen in Schwarz eine Schattierung setzen. Die Nase malen Sie wieder mit dem schwarzen Pinsel auf. Darauf achten, dass sie nicht ganz rund ist, sondern die abgebildete Form erhält. Legen Sie ebenfalls in Schwarz die Stirnpartie, die Ohren und den Bereich um die Augen an.

3 Eine rosafarbene Zunge auf Unterlippe und den oberen Kinnbereich aufmalen. Legen Sie mit einem Pinsel in Schwarz die Schnauze und die Schattierung auf der Zunge an. Malen Sie mit einem dicken, aber spitzen Pinsel den Bereich unter den Augen in Schwarz an. Halten Sie Ihren Pinsel hierbei relativ trocken und tragen Sie die Farbe mit kurzen Strichen vom Auge nach unten auf. Bitten Sie das Kind die Augen zu schließen.

4 Nun die blaue Iris mit dem Pinsel aufmalen und das Lid in Schwarz ausmalen. Über und unter den gemalten Augen einen schwarzen Lidstrich malen und in die Iris eine kleine schwarze Pupille setzen. Zwei weiße Lichtpunkte in der Pupille lassen unseren Husky richtig wachsam sein.

„Mein Lieblingsmotiv“

Der Husky ist mein persönlicher Favorit. Besonders die Augen sind hier sehr gut gelungen.

Fantasiekämpfer mit Mut

rettet die Menschheit

1 Grundieren Sie mit einem Schwämmchen den Helm in Hellgrün und streichen Sie mit der Schwammkante blaue Schattierungen am inneren Rand entlang auf.

2 Malen Sie jetzt einen weißen Kreis auf die Stirn und ziehen Sie links und rechts davon wie abgebildet Spitzen nach außen.

3 Im Wangenbereich mit dickerem Pinsel in Gold Akzente auf den Helm malen. Ziehen Sie mit einem Pinsel in Schwarz die Konturen des Helms und des Stirnzeichens nach und tragen Sie auf den grünen Kreis etwas Blau und Weiß auf.

MATERIAL

* wasserlösliche Schminkfarben in Hellgrün, Blau, Gold, Weiß und Schwarz

Für den wilden Bart und die buschigen Brauen zuerst schwarze, dann braune und zuletzt weiße, kurze Striche aufmalen.

Es war einmal ein König ...

... in einem fernen Land

MATERIAL

- wasserlösliche Schminkfarbe in Gold, Rosa, Braun, Weiß und Schwarz

1 Die Wangen des Königs mit einem Schwämmchen kreisförmig in einem zarten Rosa grundieren.

2 Mit einem Pinsel in Gold die Krone mit großen Zacken aufmalen. Kleine Zacken an der Krone tragen übrigens nur Prinzessinnen. Die roten Edelsteine auf der Stirn und eine schwarze Kontur geben der Krone ihren letzten Schliff.

3 Mit vielen kurzen, aber dicken Pinselstrichen in Schwarz, Braun und Weiß bekommt der König seinen mächtigen Bart und seine starken Augenbrauen aufgemalt.

Eine schöne und deutliche Grundierung ist bei dieser Tigermaske ganz besonders wichtig.

Buntgemusterter Säbelzahntiger

geht auf Jagd

MATERIAL

* wasserlösliche Schminkfarben in Hell- und Dunkelgrün, Gelb, Orange, Weiß und Schwarz

1 Grundieren Sie mit einem Schwämmchen in Gelb und Hellgrün gemischt das Gesicht und achten Sie dabei auf eine fransige Kontur. Tupfen Sie danach mit weißer Farbe auf dem Schwamm die Schnauzenpartie auf und ergänzen Sie die Tigerzähne mit einem Pinsel.

2 Mit einem Pinsel die Nase und die Unterlippe in Orange malen. Im Stirn- und Wangenbereich wie abgebildet schmale und breitere Striche in Orange und Dunkelgrün setzen.

3 Ziehen Sie nun mit einem schwarzen Pinselstrich die fransigen Konturen um die Maske und ergänzen Sie die schwarzen Innenlinien und -striche. Im Gesichtsbereich werden die Augenbrauen, die Tigerschnauze und die Nase wie abgebildet mit dünnem Pinselstrich gemalt, umranden Sie ebenso die untere Lippe. Nun tupfen Sie mit stumpfer Pinselspitze die schwarzen Bartstoppeln auf.

4 Setzen Sie einen weißen Stern auf die Nase, er lässt die Nase richtig glänzen. Dünne, schwungvoll von innen nach außen gemalte Barthaare in Weiß geben dem Tiger einen ganz besonderen Spürsinn für seine Jagd.

Mein Tipp für Sie

Farbvarianten Oft sitzt man beim Kinderschminken da und ein Junge nach dem anderen lässt sich als Tiger bemalen. Viel lustiger ist es, die Tiger auch mal in anderen Farben zu malen.

Halten Sie immer einige Feucht- und Papiertücher bereit, um die Pinsel anzutrocknen oder kleinere Korrekturen vorzunehmen.

Überraschter Roboter

hat keine Schraube locker

MATERIAL

* wasserlösliche Schminkfarben in Grau, Weiß und Schwarz

1 Grundieren Sie den Roboter mit einem Schwämmchen in Grau: Achten Sie darauf, dass die verschiedenen Flächen wie abgebildet unterschiedlich stark deckend sind, an manchen Stellen scheint noch die Gesichtsfarbe durch. Bei dieser Maske ist es wichtig, den Schwamm in geraden Bahnen zu streichen, damit der Metalleffekt richtig herauskommt.

2 Wischen Sie mit einer schwarzen Schwammkante entlang der Konturen der einzelnen Metallplatten. Setzen Sie den Schwamm an der Kontur an und wischen Sie in einem Zug ohne viel Druck.

3 Nun werden mit der Schwammkante auch die schwarzen, senkrechten Linien gezogen. In Weiß die Schraubenköpfe aufmalen und diese mit einer schwarzen Kontur und einem Strich durch die Mitte gestalten. Kleine weiße Sterne auf den Kanten lassen das Metall richtig glänzen.

Jungs mögen Glitzer zwar nicht so gern, aber zu dem Drachen passt er eigentlich ganz gut.

Willkommen im Reich der Legenden

mit dem Feuer speienden Drachen

MATERIAL

* wasserlösliche Schminkfarben in Hell- und Dunkelgrün, Rot, Orange, Gelb, Weiß und Schwarz
* Glitzer in Gold

1 Grundieren Sie das gesamte Motiv in Gelb: Den Drachenkopf auf der Stirn und die Flügel entlang der Wangen, bereits jetzt werden die Flügelspitzen angelegt. Erzeugen Sie das Farbenspiel auf dem Drachen, indem Sie mit etwas Hellgrün auf dem Schwamm über die gelbe Grundierung streichen.

2 Mit einem Pinsel die Augen des Drachens in Weiß malen. Unterstreichen Sie die Kontur des Drachens mit Dunkelgrün. Fügen Sie mit einem Pinsel in Orange einzelne Farbfelder hinzu. Umranden Sie den Drachen mit einem schwarzen Pinselstrich und malen Sie einzelne Flügelkonturen ein. Einige kurze rote Pinselstriche und Flammen in Rot und Schwarz aus den Drachennüstern lassen die ganze Maske richtig feurig werden.

Mein Tipp für Sie

Alternativ-Kontur Bei dieser Maske können Sie auch die schwarze Kontur mit einem dunklen Grün oder einem Blau ummalen, dann wirkt sie etwas weicher. Ein wenig Glitzer macht sie noch märchenhafter.

Dieser Comic-Held kommt bei Jungs immer gut an.

Die legendärste Fledermaus

fliegt durch die Nacht

MATERIAL

* wasserlösliche Schminkfarben in Gelb, Grün, Hell- und Dunkelblau, Violett, Weiß und Schwarz
* Hologrammglitzer

1 Malen Sie zuerst den Vollmond mit gelber Farbe auf die Stirn. Tupfen Sie die dunkelblaue Grundierung wie abgebildet vereinzelt auf das Gesicht, dabei darf die Haut aber noch durchschimmern. Malen Sie die Fledermaus in Blau und Violett wie in der Abbildung zu sehen auf.

2 Mit einem Schwämmchen in Schwarz die Hochhäuser im linken unteren Gesichtsbereich setzen. Tupfen Sie danach mit einem Schwämmchen weiße Lichtflächen in die Grundierung auf der Stirn und ergänzen Sie eine auf dem Mond.

3 Malen Sie mit einem schwarzen, dünnen Pinsel die Konturen in und um die Fledermaus. Mit violetten und weißen Querstreifen verbinden Sie die Falten in den Flügeln. Lassen Sie danach noch kleine weiß-grüne Sterne im Himmel funkeln.

4 Zum Schluss gelb-grüne Pinseltupfer als Fenster auf die Hochhäuser malen.

Mein Tipp für Sie

Highlights Ein wenig Glitzer auf den Fenstern verleiht noch mehr Lichterglanz.

Kleiner Pirat

nur echt mit Augenklappe

MATERIAL

* wasserlösliche Schminkfarben in Braun, Rot, Rosa, Weiß und Schwarz

1 Diese Maske ist besonders schnell gemalt. Malen Sie zuerst mit einem Pinsel das schwarze Band für die Augenklappe. Legen Sie außerdem einen ovalen Kreis um ein Auge an. Bitten Sie das Kind die Augen zu schließen und sprechen Sie mit ihm während des Malens am Auge.

2 Auf das Augenlid mit einem Schwämmchen schwarze Farbe tupfen und anschließend den Rest der Augenklappe sauber ausmalen. Lassen Sie die Farbe gut trocknen. Geben Sie der Augenklappe mit einem weißen Pinselstrich ein leichtes Schimmern.

3 Für den Bart verwenden Sie ein Strukturschwämmchen und tupfen und malen den Bart in Braun auf. Der Bart eines Piraten ist meist ungepflegt, also nicht zu akkurat arbeiten. Danach für die Narbe in Rosa und Rot einen langen Strich auf die Wange malen und versetzt davon Punkte aufsetzen. Daran kann man ganz klar erkennen: Dieser Pirat war schon bei vielen Kämpfen mit dabei.

Niedlicher Zwerg

aus dem Märchenwald

MATERIAL

* wasserlösliche Schminkfarben in Hell- und Dunkelgrün, Rosa, Gelb, Weiß und Schwarz

1 Grundieren Sie die Wangen in Rosa mit einem Schwamm in kreisförmigen Bewegungen. Zum Grundieren der Wiese eine Schwammkante in dunkelgrüne Farbe tupfen und den Schwamm ohne Druck mehrmals von unten nach oben ziehen. Mit dem Pinsel aufgemalte Grashalme und Blütenstiele in Hellgrün ergänzen die Wiese.

2 Tupfen Sie mit weißer Farbe auf einem dickeren Pinsel die Blütenblätter und die Flügel der Bienen auf. Halten Sie hierfür den Pinsel quer, sodass Sie mit der ganzen Pinselhaarlänge tupfen. Eine weiße Nase macht den Zwerg besonders nett.

3 In Orange die Blütenstempel in die Blüten tupfen und mit gelben Tupfen den Bienen ihren Körper setzen. Ziehen Sie kleine schwarze Streifen auf den Bienenkörpern und setzen Sie schwarze Punkte auf die Blütenstempel.

4 Mit kleinen schwarzen Pinselstrichen ergänzen Sie das Werk mit einer Ameisenkolonie. Die kleinen Beinchen nicht vergessen, und schon kann der Zwerg flink wie die Ameisen ans Werk gehen.

1. Diese Struktur erreichen Sie, indem Sie mit einem fast trockenen Pinsel ganz sachte über die Maske streichen.

2. Für die Zähne einfach einen dickeren Pinsel verwenden und diesen leicht der Länge nach aufdrücken.

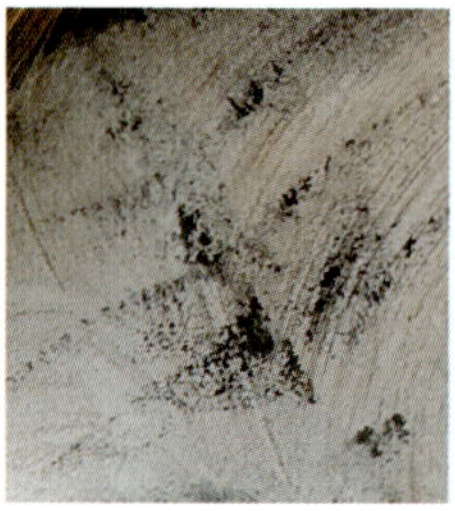

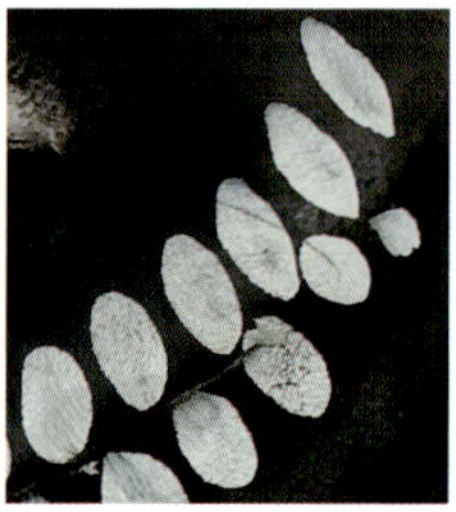

Es ist Gruselzeit

bei diesem Skelettmann klappern höchstens die Zähne

MATERIAL

* wasserlösliche Schminkfarben in Weiß und Schwarz

1 Die Maske vom Skelettmann ist sehr beliebt und schnell geschminkt. Beginnen Sie mit der weißen Grundierung von Stirn und Wangenknochen, indem Sie mit einem feinporigen Schwämmchen die weiße Farbe auftupfen. Die Grundierung sollte blickdicht aufgetragen werden.

2 Grundieren Sie danach Gesicht, Hals und Oberkörper mit einem in schwarzer Farbe eingetauchten Schwamm. Die Zähne mit einem Pinsel in Weiß aufmalen: Beginnen Sie in der Mitte der Lippe, damit der Skelettmann eine gleichmäßige Zahnreihe bekommt.

3 Malen Sie nun mit einem dicken Pinsel die Knochen auf den Oberkörper. Danach mit feinen, fast trockenen schwarzen Pinselstrichen die Struktur auf Stirn und Nase aufmalen. Nun kann der Skelettmann Angst und Schrecken verbreiten.

Mein Tipp für Sie

Haarreif Bevor Sie mit der Gesichtsbemalung beginnen, sollten Sie darauf achten, dass die Haare nicht ins Gesicht hängen. Diese am besten mit einem Haarreif oder mit Haarklammern fixieren.

Beim Neptun wird nur wenig mit schwarzer Farbe konturiert, aber dennoch hat die Maske genug Tiefenwirkung.

Großer Neptun

Herrscher über die Weltmeere

MATERIAL

* wasserlösliche Schminkfarben in Türkisblau, Gold, Rot, Orange, Weiß und Schwarz
* Glitzer in Blau

1 Zuerst mit einem weißen Pinsel die Kontur des Fisches und des Dreizacks auf die Wange malen. Danach mit einem feinporigen Schwämmchen türkisblaue Farbe auf das Gesicht, die Ohren und auf den Ausschnitt auftragen, dabei kann die Grundierung gern ungleichmäßig sein. Tupfen Sie mit einem weißen Schwämmchen über die Grundierung, um so eine spannendere Struktur zu erzeugen.

2 Malen Sie die goldene Krone mit einem Pinsel in den Stirnbereich und lassen Sie dabei kleine kreisrunde Flächen frei. Malen Sie nun mit Weiß und Orange den Fisch auf die Wange. Dazu einen relativ trockenen Pinsel verwenden, sodass Sie die Farben etwas auf der Haut miteinander vermischen können.

3 Den Dreizack und die Krone wie abgebildet in Gold und Orange anmalen. Kleine weiße Sterne auf den Edelsteinen der Krone verleihen ihnen Brillanz.

4 Malen Sie mit einem Pinsel einen schneeweißen Bart auf das Kinn und ergänzen Sie einige kurze schwarze Striche. Unterschiedlich große weiße Luftblasen im ganzen Gesicht verteilt machen deutlich, wo sich Neptun befindet.

5 Die Nasenlöcher mit einem schwarzen Pinsel umranden und die Augenbrauen ebenfalls in Schwarz in einem Bogen ergänzen. Fügen Sie noch schwarze Wimpern hinzu sowie die Konturen von Fisch und Dreizack. Zum Schluss färben Sie den Mund korallenrot, und schon kann Neptun in sein Reich abtauchen.

Bei diesen Schritt-für-Schritt-Bildern dürften Sie eigentlich ohne Probleme ans Ziel kommen.

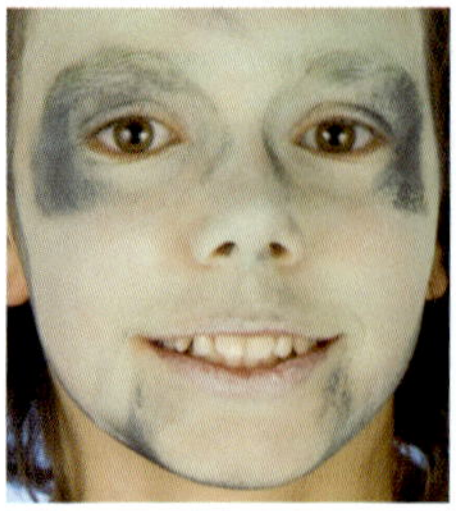

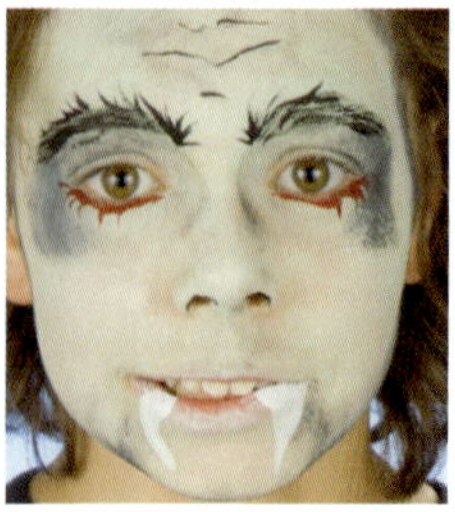

Blut saugender Vampir

aus der Gruft

MATERIAL

* wasserlösliche Schminkfarben in Grün, Rot, Weiß und Schwarz

1 Erzeugen Sie die blasse Hautfarbe, indem Sie mit einem feinporigen weißen Schwämmchen, das mit etwas Grün vermischt wurde, über das Gesicht wischen. Mit demselben Schwamm in den schwarzen Farbtopf tupfen und mit diesem Grauton nun die Augenränder und die Kinnpartie anlegen.

2 Die Zähne malen Sie in Weiß auf. Die Augenränder und die dünnen Falten um die Augen werden mithilfe eines dünnen Pinsels und roter Farbe ergänzt. Links und rechts neben den Zähnen lassen Sie dickes rotes Blut tropfen.

3 Malen Sie die Augenbrauen mit kurzen schwarzen Pinselstrichen und schwärzen Sie auch die Lippen. Schwarze Falten auf der Stirn lassen den König der Nacht finster dreinblicken.

Mein Tipp für Sie

Freundlichere Grundierung Bei kleineren Vampiren nehme ich oft auch noch ein klein wenig Grün oder Lila in die weiße Grundierung, damit sie nicht ganz so ausgehungert aussehen.

Birgit Hertfelder lebt in Vaihingen/Enz und führt dort sehr erfolgreich ein Puppentheater und eine Schminkschule. Seit vielen Jahren nimmt sie regelmäßig an internationalen Meisterschaften für Face- und Bodypainting teil und hat sich international mittlerweile einen großen Namen gemacht. Im letzten Jahr wurde sie sogar niederländische Face-Painting-Meisterin.
In ihrer Schminkschule leitet sie Anfänger- und Fortgeschrittenenkurse im Facepainting, Beauty-Make-up und in der Königsklasse Spezial-Effekte.
Mehr Informationen über Birgit Hertfelder erhalten Sie auf ihren Internetseiten:

www.farbevent.de
www.dimbeldu.de

DANKE!
An dieser Stelle möchte ich mich bei den Kindern für ihre Geduld, Zeit und den Spaß, den wir hatten, bedanken. Herzlichen Dank auch an Sabine Schiefer, Friseursalon Contur, für die tollen Frisuren, dem Theater Dimbeldu für die tollen Kostüme und der Firma Grimas für die zauberhaften Farben.

TOPP – Unsere Servicegarantie

WIR SIND FÜR SIE DA! Bei Fragen zu unserem umfangreichen Programm oder Anregungen freuen wir uns über Ihren Anruf oder Ihre Post. Loben Sie uns, aber scheuen Sie sich auch nicht, Ihre Kritik mitzuteilen – sie hilft uns, ständig besser zu werden.

Bei Fragen zu einzelnen Materialien oder Techniken wenden Sie sich bitte an unseren Kreativservice, Frau Erika Noll.
mail@kreativ-service.info
Telefon 0 50 52 / 91 18 58

Das Produktmanagement erreichen Sie unter:
pm@frechverlag.de
oder:
frechverlag
Produktmanagement
Turbinenstraße 7
70499 Stuttgart
Telefon 07 11 / 8 30 86 68

LERNEN SIE UNS BESSER KENNEN! Fragen Sie Ihren Hobbyfach- oder Buchhändler nach unserem kostenlosen Kreativmagazin **Meine kreative Welt.** Darin entdecken Sie vierteljährlich die neuesten Kreativtrends und interessantesten Buchneuheiten.

Oder besuchen Sie uns im Internet! Unter **www.frechverlag.de** können Sie sich über unser umfangreiches Buchprogramm informieren, unsere Autoren kennenlernen sowie aktuelle Highlights und neue Kreativtechniken entdecken, kurz – die ganze Welt der Kreativität.

Kreativ immer up to date sind Sie mit unserem monatlichen **Newsletter** mit den aktuellsten News aus dem frechverlag, Gratis-Bastelanleitungen und attraktiven Gewinnspielen.

IMPRESSUM

FOTOS: frechverlag GmbH, 70499 Stuttgart; lichtpunkt, Michael Ruder, Stuttgart
PRODUKTMANAGEMENT UND LEKTORAT: Ina Hess und Tina Herud
GESTALTUNG: Atelier Schwab, Handewitt
DRUCK: frechdruck GmbH, 70499 Stuttgart

Auflage: 6. 5. 4.
Jahr: 2014 2013 [Letzte Zahlen maßgebend]

ISBN 978-3-7724-3816-5 • Best.-Nr. 3816